Principes
ÉLÉMENTAIRES DE MUSIQUE.

ARTICLE PREMIER.
De la Musique.

D. Qu'est-ce que la Musique?

R. La musique est l'art de combiner les sons.

D. Qu'est-ce que la musique vocale?

R. La musique vocale est celle qui est composée pour les voix.

D. Qu'est-ce que la musique instrumentale?

R. La musique instrumentale est celle qui est composée pour les instruments.

ART. 2.
Des notes, de leur figure et de leur valeur.

D. Comment représente-t-on les sons?

R. On représente les sons avec des caractères que l'on appelle notes; chaque note a une figure particulière qui en indique la durée.

D. Combien y a-t-il de figures de notes?

R. Il y en a sept, qui sont : la ronde, la blanche, la noire, la croche, la double croche, la triple croche, la quadruple croche.

D. Qu'elle est la durée ou la valeur de chacune de ces notes?

R. La ronde est la note qui a le plus de valeur ou durée, la blanche vaut la moitié de la ronde, la noire la moitié de la blanche, la croche la moitié de la noire, la double croche la moitié de la croche, la triple croche la moitié de la double croche, et la quadruple croche la moitié de la triple croche.

Des valeurs comparatives des notes entre-elles.

La ronde vaut 2 blanches, ou 4 noires, ou 8 croches, ou 16 doubles croches, ou 32 triples croches, ou 64 quadruples croches.

La blanche vaut 2 noires, ou quatre croches, ou 8 doubles croches, ou 16 triples croches, ou 32 quadruples croches.

La noire vaut 2 croches, ou 4 doubles croches, ou 8 triples croches, ou 16 quadruples croches.

La croche vaut 2 doubles croches, ou 4 triples croches, ou 8 quadruples croches.

La double croche vaut 2 triples croches, ou 4 quadruples croches.

La triple croche vaut 2 quadruples croches.

D. Peut-on dans certains cas, altérer la valeur des notes?

R. Oui, on diminue quelquefois la valeur des notes, en réunissant trois notes auxquelles on ne donne que la valeur de deux; ces notes ainsi réunies et désignées par un 3 se nomment *triolets*, ou 3 pour 2, on en fait aussi 6 pour 4.

Art. 3.

Du point.

D. A quoi sert le point?

R. Le point placé après une note quelconque, augmente cette note de la moitié de sa valeur; ainsi, une ronde pointée vaut 3 blanches au lieu de 2, une blanche pointée vaut 3 noires, une noire pointée vaut 3 croches, une croche pointée vaut 3 doubles croches, une double croche pointée vaut 3 triples croches, une triple croche pointée vaut 3 quadruples croches.

Art. 4.

Des silences, de leur figure et de leurs valeurs.

D. Combien y a-t-il de silences?

R. Il y en a 7 qui sont : la pause, la demi-pause, le soupir, le demi-soupir, le quart de soupir, le demi-quart de soupir, le seixième de soupir.

D. A quoi servent les silences?

R. Les silences s'emploient au lieu de notes, lorsque l'on veut interrompre une partie pendant un certain temps; la figure du silence indique la durée ou la valeur

D. Qu'elles sont les valeurs des silences?

R. La pause vaut une ronde ou une mesure entière, la demi-pause vaut une blanche, le soupir vaut une noire, le demi-soupir vaut une croche, le quart de soupir vaut une double croche, le demi-quart de soupir vaut une triple croche, le seixième de soupir vaut une quadruple croche.

On se sert aussi par abréviation d'un bâton de 4 pauses, pour indiquer un silence de 4 mesures, et d'un bâton de de deux pauses pour indiquer un silence de deux mesures

D. Peut-on placer le point après un silence?

R. Oui, le point placé après un silence, l'augmente aussi de la moitié de sa valeur; ainsi, la pause suivie d'un point vaut une ronde pointée, la demi-pause suivie d'un point vaut une blanche pointée, etc.

Art. 5.

De la position des notes et de la portée.

D. Qu'est ce qu'une portée?

R. Ce sont 5 lignes tracées horizontalement.

La portée renferme 5 lignes et 4 portées, les lignes se comptent en commençant par celle d'en bas.

D. Comment pose-t-on les notes?

R. On les pose non-seulement sur les lignes et sur les interlignes, mais encore elles les dépassent en-dessus comme en-dessous.

D. Que fait-on lorsque l'on veut dépasser l'étendue de la portée, soit en haut soit en bas?

R. On ajoute des lignes que l'on nomme lignes supplémentaires, et l'on place les notes sur ces lignes et sur leurs interlignes.

D. Que représentent les notes placées au-dessous, au milieu et au-dessus de la portée?

R. Les notes d'en bas représentent les sons graves; celles du milieu représentent les sons du médium, et celles d'en haut les sons aigus.

Art. 6.

Des notes, de la gamme diatonique, de l'intervalle, du ton et du demi-ton.

D. Combien y a-t-il de notes?

R. Il y en a sept.

D. Comment les nomme-t-on?

R. Do, ré, mi, fa, sol, la, si

D. Qu'est-ce que la gamme?

R. C'est la succession des sept notes auxquelles on en

ajoute une huitième qui est la réplique ou l'octave de la première.

D. Que veut dire gamme diatonique ?

R. La gamme diatonique est celle qui procède par tons et par demi-tons naturels, sans le secours des dièses et bémols accidentels.

D. Qu'est-ce que l'intervalle ?

R. L'intervalle est la différence qu'il y a d'un son à un autre son plus élevé ou plus grave

D. Qu'est-ce que le ton ?

R. Le ton est l'intervalle qu'il y a entre, do et ré, ré et mi, fa et sol, sol et la, la et si.

D. Qu'est-ce que le demi ton ?

R. C'est l'intervalle qu'il y a entre, mi et fa, si et do.

D. Combien la gamme renferme-t-elle de tons et de demi tons ?

R. La gamme renferme cinq tons et deux demi-tons.

D. Comment sont placés les tons ?

R. Les tons sont placés de la première à la deuxième note, de la deuxième à la troisième, de la quatrième à la cinquième, de la cinquième à la sixième, et de la sixième à la septième.

D. Comment sont placés les demi-tons ?

R. Les demi tons sont placés de la troisième à la quatrième note, et de la septième à la huitième.

Art. 7.

Des clefs et de leur usage.

D. A quoi servent les clefs ?

R. Les clefs sont des signes que l'on place au commencement de la portée pour servir à déterminer la position des notes.

D. Combien y a-t-il de clefs ?

R. Il y a trois sortes de clefs, la clef de sol, la clef de do, et la clef de fa.

D. Comment pose-t-on les clefs ?

R. On les pose sur les lignes afin de donner leur nom aux notes placées sur les mêmes lignes qu'elles, de sorte que si la clef de sol se trouve placée sur la deuxième ligne, les notes qui seront placées sur la deuxième ligne, se nommeront sol, ainsi des autres.

D. Sur quelle ligne pose-t-on la clef de sol?

R. Sur la deuxième.

D Sur quelles lignes pose-t-on la clef de do?

R. Sur les quatre premières.

D. Sur quelles lignes pose-t-on la clef de fa?

R. Sur la troisième et quatrième ligne.

D. Comment trouve-t-on la position de toutes les notes d'après une clef quelconque.

R. On prend pour guide la note placée sur la ligne de la clef et qui porte le même nom de la clef, ensuite on monte ou on descent diatoniquement pour trouver les autres.

D. Quel est l'usage de ces différentes clefs.

R. La clef de sol et la clef de do première ligne, s'emploient pour les voix et les instruments aigus.

La clef de do, troisième et quatrième ligne pour les voix et les instruments du médium, et la clef de fa pour les voix et les instruments graves.

Art. 8.

Des signes d'altération.

D. Qu'est-ce qu'un signe d'altération?

R. C'est un signe que l'on place devant une note pour en changer l'intonation, soit en haussant ou en baissant la note d'un demi-ton.

D. Combien y a-t-il de signes d'altération?

R. Il y en a trois : le dièse, le bémol et le bécarre.

D. A quoi sert le dièse?

R. Il sert à hausser d'un demi-ton la note devant laquelle il est posé.

D. A quoi sert le bémol?

R. A baisser la note d'un demi-ton.

D. A quoi sert le bécarre?

R. A remettre la note dans son ton naturel.

D. Pose-t-on les signes d'altération ailleurs que devant les notes?

R. Oui, on les pose à la clef, et les notes sur les lignes desquelles ces signes sont posés, sont altérées pendant tout le morceau; au lieu que lorsqu'on les pose devant la note, l'altération n'a lieu que pour une mesure seulement; dans ce dernier cas, ils se nomment signes accidentels.

D. Ne se sert-on pas encore d'autres signes accidentels?

R. Oui, on se sert quelquefois du double dièse, et du double bémol.

D. Dans quels cas s'en sert-on?

R. On se sert du double dièse pour hausser encore d'un demi-ton, une note qui est déjà diésée, et on se sert du double bémol pour baisser d'un demi-ton, une note qui est déjà bémolisée.

Art. 9.

Des intervalles et de leur renversement.

D. Combien y a-t-il d'intervalles?

R. Il y en a sept, qui sont : la seconde, la tierce, la quarte, la quinte, la sixte, la septième et l'octave.

D. Existe-t-il des intervalles plus éloignées que l'octave.

R. Oui, il y a l'intervalle de neuvième, de dixième, de onzième, etc., mais ces intervalles ne sont que des secondes, des tierces, des quartes, etc., transportées au-dessus et au-dessous, on les nomme intervalles redoublées.

D. Qu'est-ce que l'intervalle de seconde?

R. C'est le plus petit des intervalles, comme de do à ré, de ré à mi, de mi à fa, en montant, ou de do à si, de si à la, de la à sol, en descendant.

D. Qu'est-ce que l'intervalle de tierce?

R. C'est la distance qu'il y a de do à mi, de ré à fa, de mi à sol, etc., en montant, ou de do à la, de sol à mi, de la à fa, en descendant.

D. Qu'est-ce que l'intervalle de quarte?

R. C'est la distance qu'il y a de do à fa, de ré à sol, etc., en montant, ou de do à sol, de si à fa, etc., en descendant.

D. Qu'est-ce que l'intervalle de quinte?

R. C'est la distance qu'il y a de do à sol, de ré à la, etc., en montant, ou de do à la, de si à mi, etc., en descendant.

D. Qu'est-ce que l'intervalle de sixte?

R. C'est la distance qu'il y a de do à la, de ré à si, etc., en montant, ou de do à mi, de si à ré, etc., en descendant.

D. Qu'est-ce que l'intervalle de septième?

R. C'est la distance qu'il y a de do à si, de ré à do, etc., en montant, ou de do à ré, de si à do, etc., en descendant.

D. Qu'est-ce que l'intervalle d'octave.

R. C'est la distance qu'il y a de do à do, de ré à ré, etc., en montant, ou de do à do, de si à si, etc., en descendant.

D. Combien y a-t-il de sortes de secondes?

R. Il y en a 3, la seconde mineure, la seconde majeure, et la seconde augmentée.

D. De quoi sont-elles composées?

R. La seconde mineure est composée d'un demi-ton, la seconde majeure, d'un ton, et la seconde augmentée d'un ton et demi.

D. Combien y a-t-il de sortes de tierces?

R. Il y en a 3, la tierce diminuée, la tierce mineure, et la tierce majeure.

D. De quoi sont-elles composées?

R. La tierce diminuée est composée de deux demi-tons, la tierce mineure d'un ton et demi, et la tierce majeure de deux tons.

D. Combien y a-t-il de quartes?

R. Il y en a 3, la quarte diminuée, la quarte, et la quarte augmentée.

D. De quoi sont-elles composées?

R. La quarte diminuée est composée d'un ton et de deux demi tons, la quarte de deux tons et un demi-ton, et la quarte augmentée de trois tons.

D. Combien y a-t-il de sortes de quintes?

R. Il y en a 3, la quinte diminuée, la quinte, et la quinte augmentée.

D. De quoi sont-elles composées?

R. La quinte diminuée est composée de deux tons et deux demi-tons, la quinte de trois tons et un demi-ton, et la quinte augmentée de trois tons et de deux demi-tons.

D. Combien y a-t-il de sixtes?

R. Il y en a 3, la sixte mineure, la sixte majeure et la sixte augmentée.

D. De quoi sont-elles composées?

R. La sixte mineure est composée de trois tons et deux

demi-tons, la sixte majeure de quatre tons et un demi-ton, et la sixte augmentée de quatre tons et deux demi-tons.

D. Combien y a-t-il de septième?

R. Il y en a 5, la septième diminuée, la septième mineure et la septième majeure.

D. De quoi sont-elles composées?

R. La septième diminuée est composée de trois tons et trois demi-tons, la septième mineure de quatre tons et deux demi-tons, et la septième majeure de cinq tons et un demi-ton.

D. De quoi se compose l'octave?

R. De cinq tons et deux demi-tons.

D. Comment nomme-t-on deux notes au même degré, comme do et do, ré et ré, etc.?

R. On les nomme *unisson*.

D. Qu'est-ce qu'un renversement d'intervalle?

R. Le renversement d'intervalle consiste à transporter à l'octave en bas, la note supérieure, ou à transporter à l'octave au-dessus la note inférieure.

D. Que devient chaque intervalle lorsqu'il est renversé?

R. L'unisson renversé devient octave, la seconde renversée devient septième, la tierce renversée devient sixte, la quarte renversée devient quinte, la quinte renversée devient quarte, la sixte renversée devient tierce, la septième renversée devient seconde, et l'octave renversée devient unisson.

Il faut observer que dans le renversement des intervalles, ce qui était mineur devient majeur, ce qui majeure devient mineur, ce qui était diminué devient augmenté, ce qui était augmenté devient diminué, et ce qui était sans altération, comme la quinte et la quarte, reste sans altération.

D. Que devient une seconde mineure renversée?

R. Septième majeure.

D. Que devient une seconde majeure renversée?

R. Septième mineure.

D. Que devient une seconde augmentée renversée?

R. Septième diminuée.

D. Que devient une tierce diminuée renversée?

R. Sixte augmentée.

D. Que devient une tierce mineure renversée ?
R. Sixte majeure.
D. Que devient une tierce majeure renversée ?
R. Sixte mineure.
D. Que devient une quarte diminuée, renversée ?
R. Quinte augmentée.
D. Que devient une quarte renversée ?
R. Quinte.
D. Que devient une quarte augmentée, renversée ?
R. Quinte diminuée.
D. Que devient une quinte diminuée, renversée ?
R. Quarte augmentée.
D. Que devient une quinte renversée ?
R. Quarte.
D. Que devient une quinte augmentée, renversée ?
R. Quarte diminuée.
D. Que devient une sixte mineure renversée ?
R. Tierce majeure.
D. Que devient une sixte majeure renversée ?
R. Tierce mineure.
D. Que devient une sixte augmentée, renversée ?
R. Tierce diminuée.
D. Que devient une septième diminuée, renversée ?
R. Seconde augmentée.
D. Que devient une septième majeure renversée ?
R. Seconde majeure.
D. Que devient une septième majeure renversée ?
R. Seconde mineure.

Art. 10.

Position des dièses et des bémols à la clef.

D. Comment pose-t-on les dièses à la clef ?
R. On les pose de quinte en quinte en montant, ou de quarte en quarte en descendant.
D. Combien peut-on en placer à la clef ?
R. On peut en placer jusqu'à sept, ainsi que des bémols, mais le sixième et le septième sont fort peu usités.
D. Dans quel ordre les place-t-on ?
R. Le premier dièse se pose sur le *fa*, le second sur

2

le *do*, le troisième sur le *sol*, le quatrième sur le *ré*, le cinquième sur le *la*, le sixième sur le *mi*, et le septième sur le *si*.

D. Comment pose-t-on les bémols?

R. On les pose de quarte en quarte en montant, ou de quinte en quinte en descendant.

D. Dans quel ordre les pose-t-on?

R. Le premier bémol se pose sur le si, le deuxième sur le *mi*, le troisième sur le *la*, le quatrième sur le *ré*, le cinquième sur le *sol*, le sixième sur le do, et le septième sur le *fa*.

Art. 11.

Du mot ton, *et de ses différentes acceptions, des modes.*

D. Quelles sont les différentes acceptions du mot *ton*?

R. Nous avons déjà dit (voyez article 6) que le ton était la mesure de l'intervalle qui existe entre *do* et *ré*, *ré* et *mi*, *mi* et *fa*, etc.: mais le ton se prend aussi par la corde principale sur laquelle un chant est établi, et cette corde principale s'appelle tonique, ou note du ton.

D. Ce mot a-t-il quelqu'autre acception?

R. Oui, le ton est encore pris pour le degré d'élévation ou d'abaissement sur lequel est fixé l'accord des instruments, et c'est sous ce rapport qu'on dit prendre ou donner le ton.

D. Qu'est-ce que le mode?

R. Le mode est le caractère affecté au ton.

D. Combien y a-t-il de modes?

R. Deux, le mode majeur et le mode mineur.

D. Quel est le caractère distinctif de chacun de ces modes?

R. Dans le mode majeur, la tierce et la sixte du ton sont majeures, et dans le mode mineur la tierce et la sixte sont mineures.

D. En quel ton est-on lorsqu'il n'y a rien à la clef.

R. On est en *do* mode majeur ou en *la* mode mineur, qui est son ton relatif.

D. Qu'est-ce que le ton relatif?

R. C'est celui qui a le plus de rapport avec le ton principal et qui est désigné à la clef par les mêmes signes.

D. Comment trouve-t-on le ton relatif?

R. Si l'on est dans un mode majeur, son ton relatif est

un mode mineur, une tierce mineure au-dessous ; et si l'on est dans un mode mineur, son ton relatif est un mode majeur, une tierce mineure au-dessus ; ainsi le ton relatif de *do*, mode majeur, est le ton de *la* mode mineur, et le ton relatif de *la* mode mineur est le ton de *do* mode majeur, il en est de même pour tous les autres tons.

D. En quel ton est-on lorsqu'il n'y a rien à la clef?

R. En *do* mode majeur, ou en *la* mode mineur.

D. En quel ton est-on avec un dièse à la clef?

R. En *sol* mode majeur, ou en *mi* mode mineur.

D. En quel ton est-on avec deux dièses à la clef?

R. En *ré* mode majeur, ou en *si* mode mineur.

D. En quel ton est-on avec trois dièses à la clef?

R. En *la* mode majeur, ou en *fa* dièse mode mineur.

D. En quel ton est-on avec quatre dièses à la clef?

R. En *mi* mode majeur, ou en *do* dièse mode mineur.

D. En quel ton est-on avec cinq dièses à la clef?

R. En *si* mode majeur, ou en *sol* dièse mode mineur.

D. En quel ton est-on avec six dièses à la clef?

R. En *fa* dièse majeur, ou en *ré* dièse mineur.

D. En quel ton est-on avec sept dièses à la clef?

R. En *do* dièse majeur, ou en *la* dièse mineur.

Des Bémols.

D. En quel ton est-on avec un bémol à la clef?

R. En *fa* mode majeur, ou en *ré* mode mineur.

D. En quel ton est-on avec deux bémols à la clef?

R. En *si* bémol mode majeur, ou en *sol* mode mineur.

D. En quel ton est-on avec trois bémols à la clef?

R. En *mi* bémol mode majeur, ou en *do* mineur.

D. En quel ton est-on avec quatre bémols à la clef?

R. En *la* bémol majeur, ou en *fa* mode mineur.

D. En quel ton est-on avec cinq bémols à la clef?

R. En *ré* bémol majeur, ou en *si* bémol mineur.

D. En quel ton est-on avec six bémols à la clef?

R. En *sol* bémol majeur, ou en *mi* bémol mineur.

D. En quel ton est-on avec sept bémols à la clef ?

R. En *do* bémol majeur, ou en *la* bémol mineur.

D. Quel est le moyen de trouver en quel ton l'on est lorsqu'il y a des dièses ou des bémols à la clef. ?

R. Le dernier dièse à la clef est toujours posé sur la note dit mode majeur, ainsi la tonique est la note au-dessus, le dernier bémol à la clef est toujours posé sur la quatrième note du mode, mode majeur; ainsi pour trouver la tonique, il faut descendre de quarte.

Exemple.

Lorsqu'il n'y a qu'un dièse à la clef, il est posé sur le *fa*, ce *fa* est note sensible, et la tonique est *sol*, s'il y a deux dièses à la clef, le dernier est posé sur le *do* qui est note sensible, et la tonique est *ré*, etc.

Quand il y a un bémol à la clef, il est posé sur le *si*, qui devient quatrième note, et la tonique est *fa*; s'il y a deux bémols, le dernier est posé sur le *mi*, qui devient quatrième note, et la tonique est *si* bémol.

D. Puisque le même nombre de signes à la clef indique également le mode majeur et son relatif mineur, par quel moyen peut-on reconnaître dans lequel des deux on est effectivement?

R. Il existe plusieurs moyens de distinguer si l'on est est dans le mode majeur, ou dans son relatif mineur, le plus simple est de regarder la première et la dernière note du morceau, car il commence et finit presque toujours par la tonique, surtout à la partie de basse; le second moyen consiste à voir si la quinte du mode majeur se trouve altérée par un signe accidentel dans le commencement du morceau, soit dans le chant, soit dans une partie quelconque, si cette quinte est altérée, on est dans le relatif mineur, dont elle devient note sensible, et si elle ne l'est pas, on est dans le mode majeur; par exemple s'il n'y a rien à la clef on peut-être en *do* mode majeur, ou en *la* mode mineur; si la quinte de *do* qui est *sol* est altérée par un dièse accidentel, ce sol dièse devient note sensible et on est en *la* mode mineur si le sol n'est point altéré, on est en *do*, mode majeur, il faut appliquer ce moyen à tous les autres tons.

D. Comment peut-on d'un mode mineur faire un mode majeur?

R. Par l'addition de trois dièses à la clef, ou par la suppression de trois bémols.

Par exemple si n'ayant rien à la clef, vous étiez en *la* mode mineur, mettez trois dièses et vous serez en *la* mode majeur, si ayant une dièse à la clef, vous étiez en *mi* mode mineur, ajoutez y trois bémols, et vous serez en *mi* mode majeur; si vous avez trois bémols à la clef et que vous soyez en *do* mode mineur, retranchez les trois bémols vous serez en *do* mode majeur, s'il n'y a qu'un bémol à la clef, et que vous soyez en *ré* mineur, retranchez le bémol et mettez deux dièses vous serez en *ré* mode majeur, et ainsi des autres tons.

Art. 12.

De la Modulation.

D. Qu'est-ce que la modulation?

R. La modulation, en général, est l'art de faire passer le chant et l'harmonie dans des tons et des modes différents.

D. Y a t-il plusieurs manières de moduler?

R. Oui, il y a deux manières de moduler: celle qui ne sort point du ton et du mode établi, et celle qui passe tour-à-tour dans d'autres tons et dans d'autres modes?

D. Qu'est-ce que moduler sans sortir du *ton* et du *mode*?

R. C'est parcourir tous les sons de la gamme avec un chant agréable, en ramenant souvent et sans trop de monotonie les trois sons principaux, la dominante, la tonique, et la sous-dominante..

D. Qu'est-ce que moduler dans des tons et des modes différents?

R. C'est conduire la mélodie et l'harmonie, d'un ton à un autre ton, d'un mode à un autre mode au moyen des signes d'altération.

D. Quelles sont les modulations les plus usitées d'un morceau de musique dans le mode majeur?

R. La première modulation se fait à la dominante mode majeur, on module ensuite dans le mode mineur relatif du ton principal, on passe à la médiante mode mineur ou à la seconde note du ton, également mode mineur, on va à la sous-dominante mode majeur, on revient à la dominante d'ou on passe enfin au ton primitif dans lequel le morceau se termine.

D. Quelles sont les modulations les plus usitées dans le mode mineur?

R. La première modulation conduit au mode majeur relatif, ou à la dominate mode mineur (quelquefois on passe à celle-ci avant d'aller à l'autre.) On revient pendant un moment au ton principal pour aller ensuite à la sous-dominante, puis à la sixte, on repasse ensuite au relatif majeur, d'où on retourne enfin au ton primitif dans lequel se termine le morceau.

Art. 15.

Des Genres.

D. Combien y a-t-il des genres?

R. Il y en a trois, le genre *diatonique*, le genre *chromatique*, et le genre *enharmonique*.

D. Qu'est-ce le genre *diatonique*?

R. C'est le plus simple des trois, il procède par tons et par demi-tons naturels, comme dans les gammes majeures et mineures.

D. Qu'est-ce que le genre *chromatique*?

R. C'est celui qui procède par demi-tons.

D. Y a-t-il plusieurs sortes de demi-tons?

R. Oui, il y a deux sortes de demi-tons, le demi-ton *diatonique* et le demi-ton *chromatique*?

D. Qu'est-ce que le demi-ton *diatonique*?

R. C'est celui qui se trouve dans la gamme diatonique, c'est-à-dire celui qui existe d'une note à un une autre note, comme de *mi* à *fa*, de *si* à *do*, de *sol* à *la* bémol, de *do* à *ré* bémol, etc.

D. Qu'est-ce que le demi-ton *chromatique*?

R. C'est celui qui existe d'une note naturelle à la même note altérée par un dièse, ou par un bémol, comme de *do* à *do* bémol, de *sol* à *sol* dièse, etc.

D. Qu'est-ce que le genre *enharmonique*?

R. C'est le passage d'une note à une autre note, sans que le son éprouve un changement sensible, par exemple: il y a de *do* à *ré* bémol un demi-ton diatonique, et il y a de *do* à *do* dièse un demi-ton chromatique; *do* dièse et *ré* bémol sont donc à la même distance du *do* naturel, et par conséquent le son de ces deux notes doit être le même; ainsi donc: si après un *do* dièse vous mettez un *ré* bémol, la note change, mais le son est le même, et c'est le passage de cette note à l'autre qui constitue le genre enharmonique.

Art. 14.

Des mesures.

D. Qu'est-ce que la mesure?

R. La mesure est le partage de la durée du temps en parties égales.

D. Comment divise-t-on la mesure ?

R. On la divise par temps.

D. Qu'est-ce qui indique le commencement et la fin d'une mesure ?

R. Ce sont des barres verticales que l'on nomme barres de séparation, tout ce qui se trouve renfermé entre deux barres forment une mesure.

D. A quoi servent les barres qui terminent l'exemple précèdent ?

R. Les deux barres indiquent la fin du morceau, on les nomme barres de terminaison.

D. Combien y a-t-il d'espèce de mesure?

R. Il y en a deux ; les mesures simples, et les mesures composées qui dérivent des mesures simples.

D. Quelles sont les mesures simples ?

R. Ce sont les mesures à quatre temps, et à trois temps.

D. Comment se marque la mesure à quatre temps?

R. Par un C, que l'on place après la clef au commencement du morceau.

D. Quelle est la valeur de la mesure à quatre temps?

R. La mesure à quatre temps vaut une ronde, et chaque temps vaut une noire.

D. Combien y a-t-il de mesures simples à deux temps?

R. Il y en a deux; la mesure à deux temps, la mesure brève à deux temps qu'on nomme mesure à deux quatre.

D. Comment se marque la mesure à deux temps ?

R. Par un 2 ou par un C barré?

D. Quelle est la valeur de la mesure à deux temps ?

R. La mesure à deux temps vaut une ronde, et chaque temps vaut une blanche.

D. Comment se marque la mesure à deux quatre?

R. Par un 2 et un 4 dessous.

D. Quelle est la valeur de la mesure à deux quatre?

R. La mesure à deux quatre vaut une blanche, et chaque temps vaut une noire.

D. Combien y a-t-il de mesures simples à trois temps?

R. Il y en a deux, la mesure à trois temps simple, et la mesure brève à trois temps que l'on nomme trois huit.

D. Comment se marque la mesure à trois temps?

R. Par un 3, ou par un 3 et un 4 dessous.

D. Quelle est la valeur de la mesure à trois temps?

R. La mesure à trois temps vaut une blanche pointée, et chaque temps vaut une noire.

D. Comment se marque la mesure à trois huit?

R. Par un 3 et un 8 dessous.

D. Quelle est la valeur de la mesure à trois huit?

R. La mesure à trois huit vaut une noire pointée, et chaque temps vaut une croche.

D. En quoi les mesures composées dérivent-elles des mesures simples?

R. Les mesures composées ont moitié plus de valeur que les mesures simples dont elles dérivent.

D. Comment d'une mesure simple peut-on en faire une mesure composée?

R. En ajoutant un point à la note qui représente la valeur de la mesure simple.

D. Toutes mesures simples peuvent-elles devenir mesures composées?

R. Oui, toute mesure simple devient mesure composée moyennant l'addition d'un point.

D. Quelles sont les mesures composées et de quelles mesures simples dérivent-elles?

R. Les mesures composées sont : la mesure à douze huit qui dérive de la mesure à quatre temps; la mesure à six quatre, qui dérive de la mesure à deux temps; la mesure à six huit, qui dérive de la mesure à deux quatre, la mesure à neuf huit, qui dérive de la mesure à trois temps; et la mesure à neuf seize, qui dérive de la mesure à trois huit.

D. Comment se marque la mesure à douze huit?

R. Par un 12 et un 8 dessous.

D. Quelle est la valeur de la mesure à douze huit?

R. La mesure à douze huit vaut une ronde pointée, et chaque temps vaut une ronde pointée.

D. Comment se marque la mesure à six quatre?

R. Par un 6 et 4 dessous.

D. Quelle est la valeur de la mesure à six quatre.

R. La mesure à six quatre vaut une ronde pointée, et chaque temps vaut une blanche pointée.

D. Comment se marque la mesure à six huit?

R. Par un 6 et 8 dessous.

D. Quelle est la valeur de la mesure à six huit?

R. La mesure à 6 8 vaut une blanche pointée, et chaque temps vaut une noire pointée.

D. Comment se marque la mesure à neuf huit?

R. Par un 9 et 8 dessous.

D. Quelle est la valeur de la mesure à neuf huit?

R. La mesure à 9 8 vaut une blanche et une noire pointée et chaque temps vaut une noire pointée.

D. Comment se marque la mesure à neuf seize?

R. Par 9 et un 16 dessous.

D. Quelle est la valeur de la mesure à neuf seize?

R. La mesure à 9 16 vaut une noire et une croche pointée, et chaque temps vaut une croche pointée.

D. N'existe-t-il pas enore d'autres mesures que celles dont nous venons de connaître les noms et les valeurs?

R. Oui, on se servait anciennement et l'on se sert même encore quelquefois de mesure dont la valeur est double de celles qui sont en usage.

D. Combien y a-t-il de mesures doubles?

R. Trois : la mesure double à quatre temps, la mesure double à deux temps et la mesure double à trois temps.

D. Comment se marque la mesure double à quatre temps?

R. Par un 4 et 2 dessous.

D. Quelle est la valeur double à quatre temps?

R. La valeur double à 4 temps vaut 3 rondes que l'on représente par une note carrée et chaque temps vaut une blanche.

D. Comment se marque la mesure double à deux temps?

R. Par un 2 et 1 dessous.

D. Quelle est la valeur double à deux temps?

R. La mesure double à 2 temps vaut 2 rondes ou une note carrée.

D. Comment se marque la mesure double à trois temps?

R. Par un 3 et un 2 dessous.

D. Quelle est la valeur de la mesure double à trois temps?

R. La mesure double à 3 temps vaut une ronde pointée, et chaque temps vaut une blanche.

D. Les mesures doubles ont elles aussi des mesures composées?

R. Oui, chaque mesure double a une mesure composée, qui a moitié plus de valeur que la double.

D. Quelles sont les mesures composées qui dérivent des mesures doubles?

R. La mesure double à 4 temps a pour mesure composée la mesure à 12 4, la mesure double à 2 temps, a pour mesure composée la mesure à 6 2, et la mesure double à 3 temps, a pour mesure composée la mesure à 9 4.

D. Comment se marque la mesure à douze quatre?

R. La mesure à 12 4 vaut une note carrée pointée, et chaque temps vaut une blanche pointée.

D. Comment se marque la mesure à six deux?

R. Par un 6 et un 2 dessous.

D. Quelle est la valeur de la mesure à six deux?

R. La mesure à 6 2 vaut une note carrée pointée, et chaque temps vaut une ronde pointée.

D. Comment se marque la mesure à neuf quatre?

R. Par un 9 et un 4 dessous.

D. Quelle est la valeur de la mesure à neuf quatre?

R. La mesure à 9 4 vaut une ronde et une blanche pointée, et chaque temps vaut une blanche pointée.

Art. 15. — *Du mouvement.*

D. Qu'est-ce que le mouvement?

R. Le mouvement est le degré de lenteur ou de vitesse que l'on donne à la mesure.

D. Comment indique-t-on les mouvements?

R. Par des mots que l'on place au commencement d'un morceau, et à chaque endroit où l'on veut que le mouvement change, ces mots sont empruntés des Italiens; nous allons donner la nomenclature des principaux et des plus nécessaires avec leur traduction.

Mouvements lents.

Grave. . . . . Grave.
Adajio. . . . .
Largo. . . . . *Lent.*
Larghetto. . . . .
Cantabile. . . . .

Moins lents.

Sostenuto. . . . . *Soutenu.*
Maestoso. . . . . *Majestueux.*
Modérato. . . . . *Modéré.*

Encore moins lents.

Andante. . . . .
Andantino. . . . . *Différentes nuances.*
Gracioso. . . . . *De gracieux.*
Allégretto. . . . . *Gai.*
Allégro. . . . .

Vifs.

Allegro vivace. . . . . *Gai avec vivacité.*
Presto. . . . . *Vifs.*

Très-vifs.

Prestissimo. . . . . *Très-vifs.*

Art. 16.

De plusieurs autres signes.

Les signes sont en général les divers caractères dont on se sert pour écrire la musique, indépendamment de ceux que nous avons déjà fait connaître, il en est d'autre dont nous allons démontrer la figure et l'usage.

De la liaison.

Le signe appelé liaison est un trait recourbé, qui lie plusieurs notes ensemble, ces notes ainsi liées se font d'un seul coup d'archet ou de gosier. La liaison sert aussi à former la syncope, on entend par celle-ci une note qui se partage également entre la partie faible d'un temps et la partie du temps suivant.

Deux notes d'égale valeur et sur le même dégré au moyen de la liaison, forment aussi une syncope ; l'une appartient alors au temps faible et l'autre au temps fort de la mesure.

Lorsque la valeur des deux notes formant la syncope est moindre d'un côté que de l'autre , on a une syncope brisée.

Du point en général.

On connait déjà la propriété du point relativement à la valeur des notes ; mais lorsque ce signe est placé au-dessus d'une note et sous un trait recourbé, il s'appelle point de repos ou point d'orgue.

Ce genre de point peut s'employer sur les pauses et les silences aussi bien que sur les autres.

De l'accolade.

L'accolade est un trait perpendiculairement tracé , qui joint plusieurs portées sur lesquelles sont écrites différentes parties qui doivent être exécuter en même temps.

De la reprise.

Le signe appelé reprise est formé de deux barres perpendiculaires , accompagnées de deux points de chaque côté. ce signe se place ordinairement entre les deux parties d'un air , pour annoncer que chacune doit être exécutée deux fois ; mais si les deux barres ne sont pointées que d'un côté , on ne reprend que la partie qui est du côté où se trouvent les points.

Du renvoi.

Le signe appelé renvoi est formé communément d'une grande S traversée d'un trait accompagné de deux point de chaque côté , ce signe renvoie à un autre signe semblable , au reste il y a différentes formes de renvoi , et chacun les fait à sa manière.

Du guidon.

Le guidon est un petit signe qui se place à l'extrémité de chaque portée sur la ligne où se trouve la note qui commence la portée suivante ; si cette note est accompagnée accidentellement d'un signe altératif, il faut que le guidon soit accompagné du même signe.

Des agréments du chant.

Le chant à différents agréments, savoir : la petite note simple , la petite note double , le trille, le mordent , appelés par les Italiens *mordente* ou *grupetto*.

Chacun de ces agréments a son signe particulier qui l'indique.

TOULOUSE. — Typographie Delsol.